masken
tanz

rudi behnke

masken
tanz

surreale poesie

Die Deutsche Nationalbibibliothek verzeichnet diese Publikation in der Deutschen Nationalbibliografie; detaillierte bibliografische Daten sind im Internet über dnb.de abrufbar

© 2019 rudi behnke

Hersteller und Verlag:
BoD- Books on Demand, Norderstedt

ISBN: 978-3-7431-1947-5

aus einer befindlichkeit heraus
gegen das vergessen
schrieb ich
ohne komma
ohne punkt

am ende
stand
        verwirrt
zu lesen

erst da
war mir klar
dass ich am ende
wieder am anfang war

wie geht es dir
lieber leser

der maskentanz

auf dünnem seil

atemloses

haltloses fliegen

ist flügelleer

der sturz in die tiefe

bodenlos

dem tode nah

der tanz der gedanken

anfang

ende

wo

hinter der maske

schmerz sortiert

das tattoo

flügelschläge

am rande der

nacht

eisgesicht

maskentanz

spiegelsplitter

zum

gitterklang

gebracht

blitzeisgefroren

der

spitzentanz

das brüchige

gelenk

an

haken

gehängt

in sturmangst

bleibe ich wach

eine kleine zeit

den hauch

warmer haut

den triumph

der liebe spühren

nicht

den halt verlieren

im wirren

geschnür

stelzenlauf

im

glasgespinse

ausgebrannte

silberschuh

streifen

glatt

die

seidenstümpfe

mein rausch

mein herz

mein schmerz

flügelschwer

auf kaltem stein

weil ich keine

flügel hab

engel

der nacht

mit dir fliegen

bis der hitze

die flügel lahm

mir geht es gut

dann und wann

im

kirschgetränk

ja

es geht mir gut

eiswürfel

ertränkt

stürme

feuer

sollen mich

küssen

stumme fragen

das

eis

die

seidenstrümpfe

still

ich höre

aus der tiefe

schwarz

gehauchte

seidenwünsche

weil

was ist

darf

nicht sein

lippenrot

getrennt

paris brennt

es ist

fünf

uhr

früh

und die

freiheitsstatue

hat noch nie

noch nie

die zeit

verschlafen

das gesicht

die hand

suchen

stück für stück

schritt für schritt

den augenblick

mit einem

wimpernschlag

in nöten

knoten

für

knoten

schleife

für

schleife

die barriere

streifen

entlang der wasser

der tiefen

gründe

relief

blau

seilakt

gespannt

gebunden

die silberschuh

tanzen

vielfältig

ein

carreè

tränenschwer

hinter der

roten tür

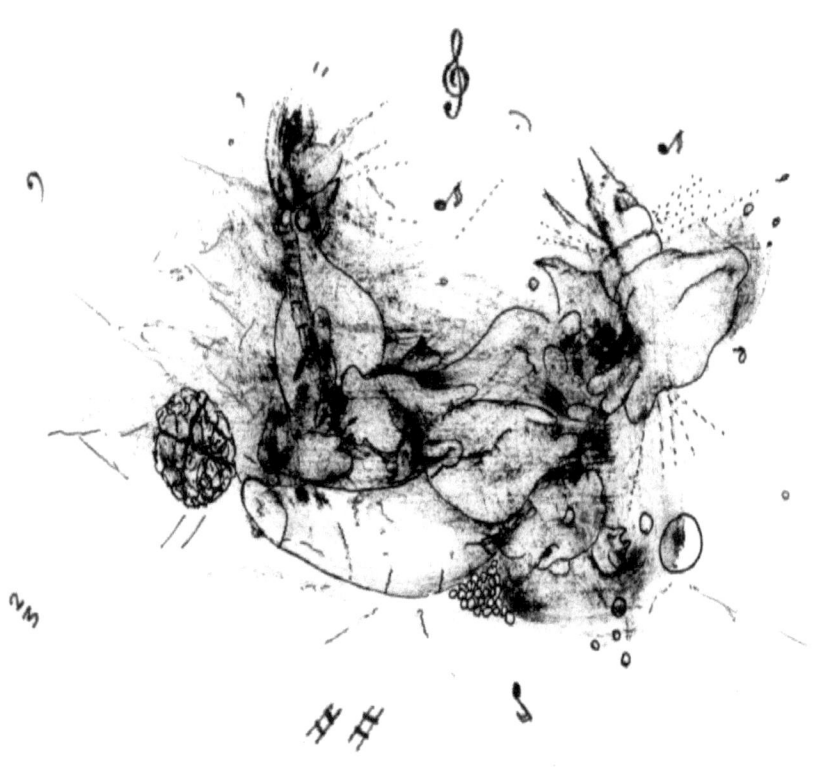

aufgeworfen

im sog

der fluten

fesseln den

verstand

auf kaltem

stein

die stimme

in mir

ertrunken

trauma

gebunden

in

mondträume

bedeckt

die tiefen

wunden

nackt versunken

das ufer

ich finde dich

nicht mehr

ich bin verwirrt

dreimal getrotzt

nicht verwunden

wer ist

mutter

geliebte

frau

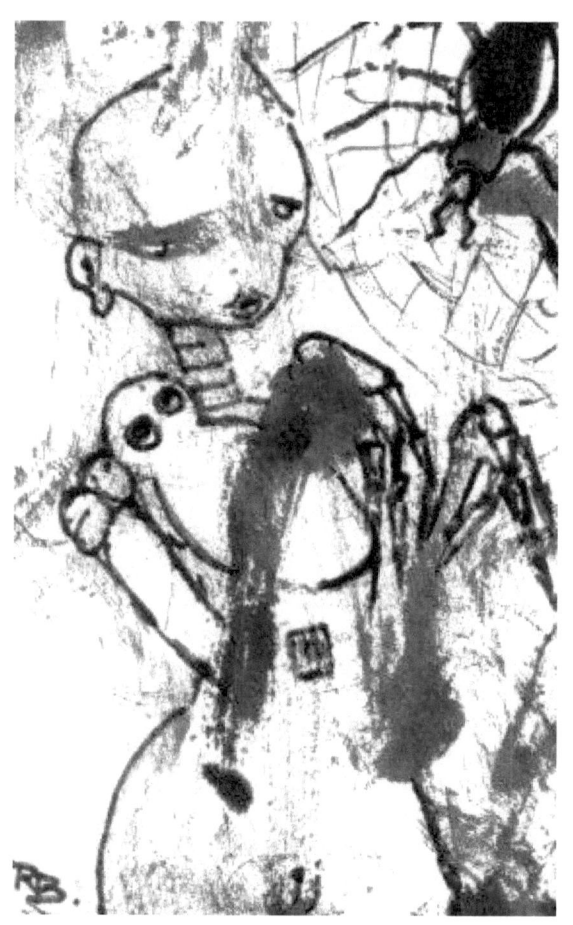

ich

rieche

ich

schmecke

das

salzige

geschnür

die

geborene

unzeit

in mir

kein anfang

kein ende

den schleier

verwebt

im sandigen

grund

vernarbte tage

vernarbte nächte

verknüpft

an den enden

fragiles

schweigen

tausend

und eine

nacht

fasst

innen-

und

außensaum

kopf oder zahl

hände gebunden

nachtfieber

frierend

keine wahl

gott

verlassen

in schwarzen

fugen

der schnee

der schmerz

im

eishaus

stella

bleicht

den pflock

der zeit

es geht mir gut

es geht mir gut

ja

es geht mir gut

zehnter stock

fünf uhr früh

einwürfelertränkt

nur

dann und wann

höre ich der zikaden

mandelgesang

tiefenlos

auf säumigem

tuch

unerkannt

tausende mal

ohne zahl

zum

maskentanz

bis ans meer

tage gezählt

wasser und hügel

schattenspiele

ränder der triebe

rosenrot

gespannt

schlaflose küsse

kurze und lange

auf der flucht

hebe ab

falle ins grab

tausende mal

maskentanz

ich sehe dich

nicht

schmerzende

füße

verlassen

die naht

das gesicht

die tränen

der armut

in

stein

auf

den weg

gelegt

die wunde

stimme

den schmerz

der haut

den reifbedeckten

leib

wenn ich

nichts

mehr habe

als das

nacktsein

schweigend gleich

der waage

mein gott

dann sind es

die

mandelaugen

süße träume

hautnah

zur

bitterzeit

der

mandelbäume

die ich sah

leichter als luft

der

augenschein

im

lippenfluss

stella

habe

alles gegeben

alles versucht

ich schmecke

dich

immer noch

und die

nicht

gezählten

küsse

schlingen

knoten

viele

nicht gezählt

im

schatten

hinter dem licht

der seichten

wasser

singen

steine

ohne

grund

von fischen

wie sterne

mit dem

duft

von

zimt

an den mond

gebunden

weggebrochen

die sprossen

der leiter

der himmel

soweit weg

vom

versteck

wohin

weiter

das gebrochene

himmelblau

die

silberstreifen

in der

ferne

so nah

spiegelfenster

verirrt

eiskalt

die

splitter

in der nacht

die

wunden

streifen

ins

unbekannte

sinken

du hast den

schlüssel

das licht

zum fenster

stella

tücher und nähte

säumen

den

rand

deiner

augen

zieh den

nebel

aus

und der mond

ist

immer noch

der selbe

im

eisblumenhaus

morgentau

perlenblau

lässt mich

ruhen

fein reiht

sich

die hoffnung

auf

leben

in einem neuen

haus

im winter

ein jahr

im januar

allein

die liebe

sie

war nie da

vieles ist verborgen

lautlos

versteckt

unter meiner

haut

die zeit

zu

lieben

der gesang des

sommers

fühlt den

schlaf

im

feuer

das meer

die wogen

so schwer

gewunden

am grund

die wand

die den zweifel

erklettert

kennt weder

tag

noch

stund

wenn sonnenperlen

der stunden

unter dem

sternenhimmel

erde sind

den sand

die steine

schwarz

gehauchte

nackte

füße

maskentanz

maskentanz

maskentanz

in gehauchten

silberschuhen

stella

den

regenbogen

seiltanz

auf

treibsand

balancelos

in der

tiefe

wo die fische

die tränen küssen

die dürste

trockener

steine

so viele

das waisenhaus

der verlorenen

aus sand

mit dem

geruch

der erde

für morgen

das ufer

im sumpf

die schritte

zählt

ist

alles geglättet

in die schublade

gelegt

für eine

insel

im wind

kein silber

kein gold

keine glimmersteine

fühlen den wind

über dem meer

still

still

fällt von den

lippen

schwarz gemalt

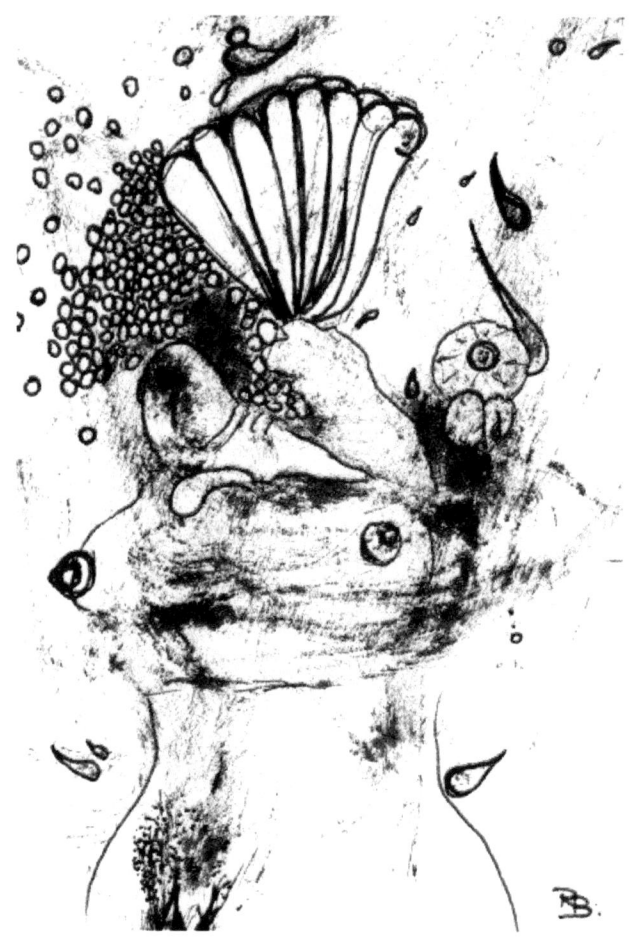

die herbe süße

versteckt

im irrsaal

der blöße

rasender puls

sucht

den baum

der stille

pflückt die

wildkirschen

bei nacht

schmetterling

kämpft

für mich

um einen

kuss

während ich

schlafe

zwischen den

welten

federleicht

und

flügelleer

ich hab gedacht

da

geht nichts mehr

ich hab gedacht

da

ist nichts mehr

nie mehr

engel

lichter stern

der auf den

lippen

brennt

streiche glatt

die

wunden flügel

unbekanntes

land

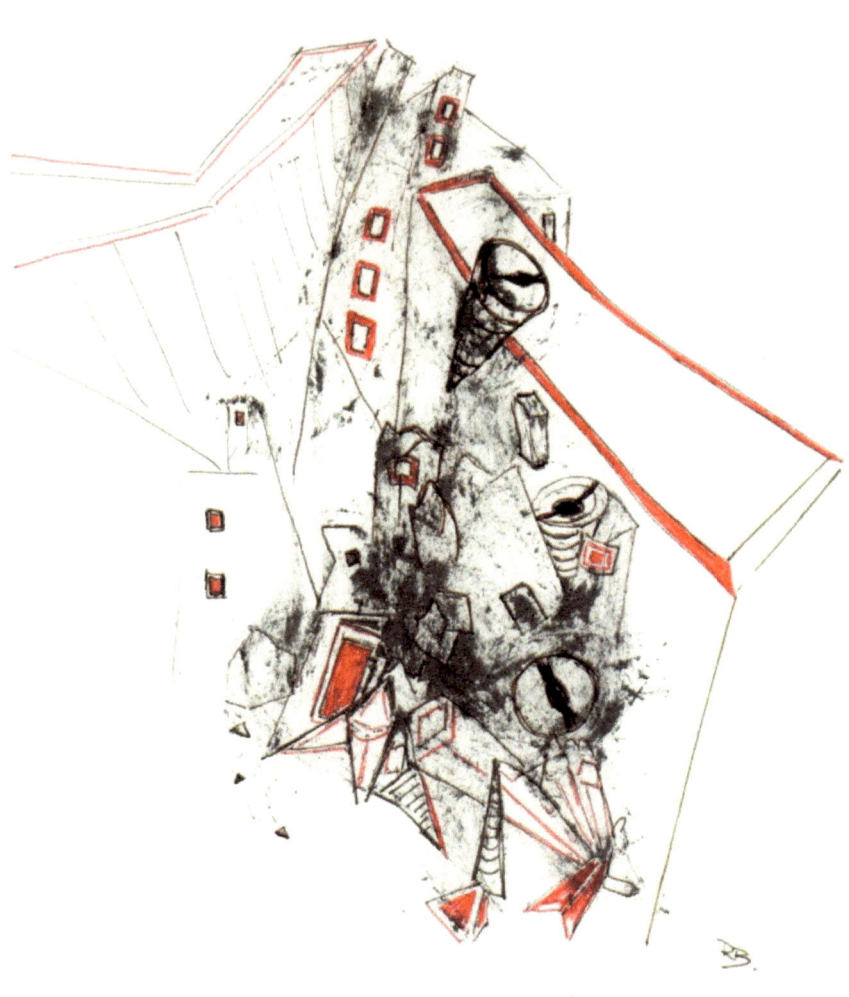

ja

es geht mir gut

eiswürfel

ertränkt

mit dir fliegen

der hitze

flügellahmer

kühle

in einem

neuen

haus

mit roter

tür

1

2

3

alles

muss

gecheckt

sein

ene

mene

du

mein gesicht

mit vielen gesichtern

auf der

flucht

in mir

ertrunken

gedanken

versunken

an den

rand

gedrängt

allein

gelassen

auf brüchigem

boden

mit brüchigen

worten

tanz den

maskentanz

auf

schwarz

gehauchten

seidenstümpfen

mit wünschen

an den

mond

gehängt

die schublade

ist leer

der strand liegt

allein

mit einem

kirschgetränk

nachwort

sexualität
ist ein
netzwerk
mit
verstrickungen
der gefühle
im labyrinth
auf der
suche
nach
erotischer
erfüllung

der autor
rudi behnke

geboren am 27. januar 1948 in kyritz

kunststudium in wuppertal
studium theologie und psychologie
in lemgo
seit 1974 freischaffender maler
und lyriker in oberhausen

Kontakt:

rubehnke@web.de
www.multi-art-oberhausen.de

© 2019 rudi behnke
Hersteller und Verlag: BoD - Books on Demand Norderstedt

Alle Rechte vorbehalten, insbesondere das der Übersetzung, des öffentlichen Vortrags sowie der Übertragung durch Rundfunk und Fernsehen, auch einzelner Teile. Kein Teil des Werkes darf in irgendeiner Form (auch Fotografie, Mikrofilm oder andere Verfahren) ohne schriftliche Genehmigung des Verlages reproduziert oder unter Verwendung elektronischer Systeme verarbeitet, vervielfältigt oder verbreitet werden.
Titelbild: Rudi Behnke
Illustration: Rudi Behnke
Satz und Layout: Rudi Behnke